TABLE DES MA...

MW00902606

Activités passe-temps, 4e à 6e année

LA FOLIE DES CATÉGORIES

Ce jeu amusant est conçu pour développer les habiletés de catégorisation des élèves.

MATÉRIEL :

Aucun matériel n'est requis.

DIRECTIVES :

1. Expliquez aux élèves qu'une catégorie est un groupe ou un ensemble de choses, de personnes ou d'actions qui ont des caractéristiques communes. Donnez un exemple de catégorie, puis un nom qui lui appartient. Par exemple, la catégorie « Animaux de compagnie » et le mot « Chien ».

2. Divisez la classe en deux équipes. Les élèves qui réussissent à trouver un nom appartenant à la catégorie choisie font gagner un point à leur équipe. Tenez le compte des points au tableau.

3. Quand les élèves n'arrivent plus à trouver de mots pour la catégorie en question, nommez-en une nouvelle.

4. Indiquez au départ le temps accordé pour le jeu. Lorsque le temps est écoulé, l'équipe ayant le plus de points gagne.

EXEMPLES DE CATÉGORIES :

• auteures/ auteurs	• sports
• couleurs	• jeux
• animaux	• jouets
• plantes	• fruits
• villes	• prénoms
• chaussures	• habitations
• légumes	• poissons
• métiers	• oiseaux
• vêtements	• langages
• pays	• moyens de transport

PROVERBES ET DICTONS

Amenez vos élèves à réfléchir! Demandez-leur de faire un remue-méninges en groupe ou de travailler individuellement pour trouver la signification des proverbes et dictons ci-dessous. Peuvent-ils établir des liens entre leur propre vie et ces proverbes et dictons? Si oui, invitez-les à en donner des exemples.

1. Les actes sont plus éloquents que les paroles.

2. Aux idiots, l'argent file entre les doigts.

3. Toute bonne chose a une fin.

4. Tout ce qui brille n'est pas or.

5. Une pomme par jour éloigne le médecin.

6. Un éléphant n'oublie jamais.

7. Comme on fait son lit on se couche.

8. Chien qui aboie ne mord pas.

9. La beauté n'est pas tout.

10. Deux précautions valent mieux qu'une.

11. Les affaires avant le plaisir.

12. Avoir les yeux plus grands que le ventre.

13. Il ne faut pas mettre tous ses œufs dans le même panier.

14. Il ne faut pas vendre la peau de l'ours avant de l'avoir tué.

15. Ne scie pas la branche sur laquelle tu es assis.

16. Qui le trouve le garde.

17. Pardonne et oublie.

18. Les malheurs s'apprennent vite.

19. Une place pour chaque chose, et chaque chose à sa place.

20. L'honnêteté paie.

21. C'est plus facile à dire qu'à faire.

22. Savoir, c'est pouvoir.

23. Chose défendue, chose désirée.

24. Il ne faut pas faire les choses à moitié.

25. Réfléchis avant d'agir.

26. Tomber de mal en pis.

27. Un sou est un sou.

28. Qui se ressemble s'assemble.

PROVERBES ET DICTONS

29. L'argent ne pousse pas sur les arbres.

30. Aide-toi et le ciel t'aidera.

31. Prêche par l'exemple.

32. L'avenir appartient à ceux qui se lèvent tôt.

33. Impossible n'est pas français.

34. C'est à l'usage que l'on peut juger de la qualité d'une chose.

35. À bon entendeur, salut!

36. Qui prend mari, prend pays.

37. Pierre qui roule n'amasse pas mousse.

38. Les murs ont des oreilles.

39. Les occasions ne manquent pas.

40. Chaque médaille a son revers.

41. Il ne faut jamais remettre au lendemain ce que l'on peut faire le jour même.

42. On n'est vraiment bien que chez soi.

43. Ils servent aussi qui debout savent attendre.

44. Il reste toujours quelque chose des mensonges.

45. Le temps, c'est de l'argent.

46. L'erreur est humaine.

47. Pour un esprit pur, tout est pur.

48. Demain n'arrive jamais.

49. Après la pluie, le beau temps.

50. La curiosité est un vilain défaut.

51. La réalité dépasse la fiction.

52. La nuit porte conseil.

53. Deux avis valent mieux qu'un.

54. Petit à petit, l'oiseau fait son nid.

55. On ne répare pas une injustice par une autre injustice.

56. L'union fait la force.

57. Un tiens vaut mieux que deux tu l'auras.

58. Les bons comptes font les bons amis.

59. Il n'y a pas de petites économies.

60. Regarde où tu mets les pieds.

PROVERBES ET DICTONS

61. L'appétit vient en mangeant.

62. Il n'y a pas de fumée sans feu.

63. Vouloir, c'est pouvoir.

64. Qui s'y frotte s'y pique.

65. Qui ne risque rien n'a rien.

66. Chacun son métier, les vaches seront bien gardées.

67. Ce qui est bon pour l'un l'est pour l'autre.

68. Qui se marie sans réfléchir aura tout le loisir de s'en repentir.

69. Qui vivra verra.

70. Si un travail vaut la peine d'être fait, autant le faire bien.

71. Le trois fait le mois.

72. Il faut tourner sa langue sept fois dans sa bouche avant de parler.

73. Dans le doute, abstiens-toi.

74. Il y aura d'autres occasions.

75. C'est un aveugle qui conduit un aveugle.

76. Quand le chat n'est pas là, les souris dansent.

77. La nuit, tous les chats sont gris.

78. Que chacun balaie devant sa porte.

79. La peur donne des ailes.

80. On prend plus de mouches avec du miel qu'avec du vinaigre.

81. On ne saurait faire boire un âne qui n'a pas soif.

82. On ne peut avoir le beurre et l'argent du beurre.

83. Il ne faut pas se fier aux apparences.

84. On ne fait pas d'omelettes sans casser d'œufs.

85. On n'apprend pas à un vieux singe à faire la grimace.

86. On ne peut pas toujours gagner.

87. Un de perdu, dix de retrouvés.

88. À force de coups, on abat le chêne.

89. Quand le puits est à sec, on sait ce que vaut l'eau.

90. Il n'est jamais trop tard pour apprendre.

100 ANIMAUX SAUVAGES DU CANADA

Voici deux excellents sites Web où tu pourras trouver des renseignements sur ces animaux :
- www.ffdp.ca (Faune et flore du pays)
- www.ec.gc.ca (Environnement Canada)

MAMMIFÈRES

1.	baleine boréale	19.	lynx du Canada
2.	béluga	20.	marmotte commune
3.	bison	21.	marsouin commun
4.	bœuf musqué	22.	martre
5.	carcajou	23.	morse de l'Atlantique
6.	caribou	24.	mouffette rayée
7.	castor	25.	mouton de montagne
8.	cerf de Virginie	26.	orignal
9.	chauve-souris	27.	ours noir
10.	chèvre de montagne	28.	ours polaire
11.	couguar	29.	porc-épic
12.	coyote	30.	rat musqué
13.	écureuil gris	31.	raton laveur
14.	épaulard	32.	renard arctique
15.	grizzli	33.	renard roux
16.	lemming	34.	renard véloce
17.	lièvre d'Amérique	35.	tamia
18.	loup	36.	wapiti

AMPHIBIENS ET REPTILES

37.	couleuvre de l'Ouest	40.	grenouille des bois
38.	crapaud cornu	41.	rainette faux-grillon
39.	grenouille à pattes rouges	42.	tortue luth

100 ANIMAUX SAUVAGES DU CANADA

OISEAUX

43.	canard noir
44.	chardonneret jaune
45.	merle d'Amérique
46.	sterne arctique
47.	macareux moine
48.	pygargue à tête blanche
49.	grive de Bicknell
50.	mésange à tête noire
51.	geai bleu
52.	petit garrot
53.	chevêche des terriers
54.	bernache
55.	fuligule à dos blanc
56.	starique de Cassin
57.	eider à duvet
58.	pic mineur
59.	gros-bec errant
60.	mésangeai du Canada

61.	grand héron
62.	grand-duc d'Amérique
63.	grande oie des neiges
64.	arlequin plongeur
65.	goéland argenté
66.	pluvier kildir
67.	petite oie des neiges
68.	pie-grièche migratrice
69.	huard
70.	canard colvert
71.	guillemot marbré
72.	merlebleu azuré
73.	guillemot
74.	fou de Bassan
75.	balbuzard pêcheur
76.	faucon pèlerin
77.	pluvier siffleur
78.	lagopède

79.	hirondelle noire
80.	sittelle à poitrine rousse
81.	fuligule à tête rouge
82.	goéland à bec cerclé
83.	sterne de Dougall
84.	colibri à gorge rubis
85.	gélinotte huppée
86.	oiseaux de mer
87.	bécasseau semipalmé
88.	épervier brun, épervier de Cooper, autour des palombes
89.	oiseaux de rivage
90.	harfang des neiges
91.	cygne trompette
92.	cygne siffleur
93.	grue blanche
94.	dindon sauvage
95.	canard branchu

POISSONS

96.	corégone atlantique
97.	ombre de l'Arctique
98.	grand brochet

99.	saumon
100.	truite arc-en-ciel

Nom de l'animal : Oiseau

Mon animal est un :　　mammifère　　reptile　　amphibien　　poisson　　(oiseau)

De quoi a-t-il l'air?	Un oiseau a l'air comme un cose qui voule dans l'air un oiseau a les ela
Quel est son habitat?	Un oiseau habitat est un ne
Qu'est-ce qu'il mange?	Un oiseau manges les wrmse
Quelles sont ses caractéristiques particulières?	
Fait intéressant	un fait intéressant est qui les oiseau peux boyer est beacoup de autre animaux ne peut pas boyer
Fait intéressant	beaucoup de oiseau sont petit
Fait intéressant	

Chalkboard Publishing © 2011

RÉDIGE UNE CRITIQUE

Exprime ton opinion au sujet d'un livre, d'une pièce de théâtre ou d'un film.

LIVRE, PIÈCE DE THÉÂTRE OU FILM : _____

_____

IDÉE PRINCIPALE :

_____

_____

À MON AVIS :

_____

_____

_____

_____

_____

_____

_____

_____

_____

_____

_____

☐ Recommandé(e)

☐ Non recommandé(e)

Critique faite par :

_____

TON POINT DE VUE

Rédige un article qui donne ton point de vue sur un sujet. Sers-toi du tableau ci-dessous pour faire un plan de ton article. Écris l'article sur une autre feuille.

Déclaration de ton point de vue	
Affirmation	**Preuve à l'appui**
Affirmation	**Preuve à l'appui**
Affirmation	**Preuve à l'appui**

ORGANISATEUR GRAPHIQUE D'UNE BIOGRAPHIE

Voici une ligne du temps des principaux événements dans la vie de _____.

DES COMPARAISONS INCOMPARABLES

Dans une comparaison, on se sert du mot « comme » pour comparer deux choses.

Exemple : Louise est rapide comme l'éclair.

Écris tes propres comparaisons.

1 _____

2 _____

3 _____

4 _____

5 _____

6 _____

7 _____

8 _____

9 _____

10 _____

DES ALLITÉRATIONS AHURISSANTES

Une allitération est une répétition des consonnes initiales dans un groupe de mots.

Exemple : Ton thé t'a-t-il guéri ta toux?

Crée tes propres allitérations.

1 _____

2 _____

3 _____

4 _____

5 _____

6 _____

7 _____

8 _____

9 _____

10 _____

UN POÈME EN LOSANGE

Voici une façon d'écrire un poème en losange. Comme sujet de ton poème, tu peux choisir le thème à l'étude, des animaux ou des sports.

1er vers – un nom

2e vers – deux adjectifs qui décrivent le nom du 1er vers

3e vers – trois verbes qui sont des actions faites par le nom du 1er vers

4e vers – quatre noms qui se rapportent au nom du 1er vers

5e vers – trois verbes qui sont des actions faites par le nom du 1er vers

6e vers – deux adjectifs qui décrivent le nom du 1er vers

7e vers – le nom du 1er vers

Écris un poème en losange.

1er vers

_____

2e vers

_____

3e vers

_____

4e vers

_____

5e vers

_____

6e vers

_____

7e vers

_____

UN QUINTIL

Un *quintil* est un poème à cinq vers. Écris divers types de quintils dans les cases ci-dessous.

PREMIER TYPE DE QUINTIL

1er vers : un mot

2e vers : deux mots

3e vers : trois mots

4e vers : quatre mots

5e vers : un mot

DEUXIÈME TYPE DE QUINTIL

1er vers : un nom

2e vers : deux adjectifs décrivant le nom

3e vers : trois verbes

4e vers : un groupe de mots décrivant le nom

5e vers : un autre mot pour le nom

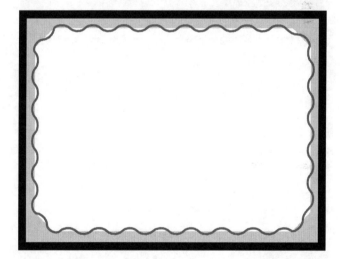

TROISIÈME TYPE DE QUINTIL

1er vers : un mot à deux syllabes

2e vers : un mot à quatre syllabes

3e vers : un mot à six syllabes

4e vers : un mot à huit syllabes

5e vers : un mot à deux syllabes

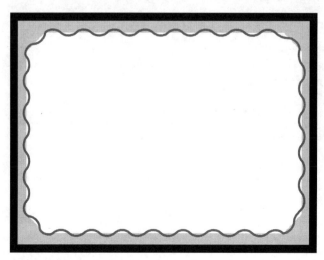

UN ACROSTICHE

Un *acrostiche* est un poème dont la première lettre de chaque vers forme un mot (verticalement). Le poème lui-même peut décrire le mot ou raconter une courte histoire à son sujet.

.... _____

.... _____

.... _____

.... _____

.... _____

.... _____

.... _____

.... _____

.... _____

.... _____

.... _____

.... _____

RÉACTIONS À UNE HISTOIRE

1. Écris une différente fin à l'histoire.

2. Écris un différent début à l'histoire.

3. Illustre ton passage préféré de l'histoire.

4. Écris une lettre à l'auteure ou l'auteur.

5. Imagine que tu es un des personnages principaux. Écris ton journal après la fin de l'histoire. Décris ce qui s'est passé et comment tu te sentais.

6. Écris un résumé de l'histoire dans tes propres mots.

7. Fais un collage sur le personnage principal en te servant d'images et de mots découpés.

8. Donne les différences et les ressemblances entre deux personnages de l'histoire.

9. Conçois une nouvelle couverture pour le livre.

10. Conçois une publicité pour encourager les autres élèves à lire le livre.

11. Raconte un passage de l'histoire, du point de vue de divers personnages.

12. Crée une bande dessinée basée sur l'histoire.

13. Fais le portrait d'un des personnages principaux de l'histoire.

14. Fabrique un diorama illustrant un passage de l'histoire.

15. Crée une ligne du temps des événements de l'histoire.

16. Écris 10 questions que tu aimerais poser à un personnage de l'histoire.

17. Écris une biographie de l'auteure ou auteur.

18. Écris un poème sur l'un des personnages de l'histoire.

19. Conçois un jeu de société basé sur l'histoire.

20. Rédige une annonce classée en te basant sur un élément de l'histoire.

UNE LETTRE DE CONSEILS

Une personne demande des conseils quand elle a un problème ou qu'elle aimerait connaître l'opinion d'une autre personne. Donne des conseils à quelqu'un au sujet d'une situation particulière. Essaie de convaincre la personne que tes conseils sont bons en expliquant ton point de vue.

Je donne des conseils à _____

au sujet de _____

Chère/Cher _____

_____

_____

_____

_____

_____

_____

_____

_____

_____

_____

_____

_____

Ton amie/ami,

_____

PLAN DE RÉDACTION

Sujet - Introduction

Idée - 1er paragraphe

Idée - 2e paragraphe

Détails à l'appui

Détails à l'appui

Détails à l'appui

Détails à l'appui

Paragraphe de conclusion

SUPER AMORCES D'HISTOIRES

1re version :

Lisez une fiche portant une amorce d'histoire. Tous les élèves de la classe donnent, à tour de rôle, quelques phrases décrivant la façon dont l'histoire se déroule. La dernière personne doit terminer l'histoire.

2e version :

Invitez un groupe d'élèves à raconter une histoire à partir d'une amorce que vous leur aurez donnée. Chaque élève du groupe a deux minutes pour raconter sa partie de l'histoire.

> Un matin, je me suis réveillé et j'ai vu quelque chose d'étrange à ma fenêtre...

> À l'époque, cela semblait être une bonne idée...

> Tard un soir, au terrain de camping...

> Le pointage était égal et la foule applaudissait...

> Notre bateau avait coulé et nous étions sur l'île depuis trois longues semaines...

AUTRES SUPER AMORCES D'HISTOIRES

Je m'étais toujours demandé pourquoi ma grand-mère ne voulait pas nous laisser aller dans le grenier...

Est-ce qu'il s'agit vraiment d'une carte au trésor? Je vais suivre les instructions et voir où elles vont me mener...

Personne ne croyait que je pourrais le faire...

J'ai toujours rêvé de faire un voyage pour aller en...

Nous étions en route vers la Floride quand soudain, l'avion s'est mis à trembler...

Nous sommes entrés dans la machine à voyager dans le temps, nous avons tourné le cadran, la porte s'est fermée, puis...

C'était le plus gros _____ que j'avais jamais vu...

C'était un matin comme les autres, sauf que, lorsque je suis arrivé dans la cuisine, mes parents étaient des extraterrestres...

Personne ne savait que j'avais des superpouvoirs...

Certains mots ont des sens différents selon le contexte. Écris ou donne deux phrases pour chaque mot ci-dessous afin de montrer que le même mot peut avoir des sens différents.

air	battre	son	balle
manche	poste	bas	ferme
flotter	compagnie	tête	couler
fer	coin	froid	rose
feuilles	haut	traîne	orange
droit	petit	large	montre
colle	plante	suite	mouche
exercice	couche	joue	lance
manteau	feu	livre	lave
pépin	bâton	moule	pas
raquette	remise	page	brise
membre	tombe	classe	partie
noyer	bois	coupe	pêche
larme	lit	manche	porte
voler	juste	vase	sort
papillon	quartier	tour	souris
queue	tendu	verre	barre
glisser	filer	chute	cent
perle	fin	farce	cher

JEU DE CONCENTRATION SUR LE CANADA

Associe les drapeaux aux provinces et territoires du Canada.

MANITOBA

La capitale est **Winnipeg.**

ONTARIO

La capitale est **Toronto.**

QUÉBEC

La capitale est **Québec.**

Associe les drapeaux aux provinces et territoires du Canada.

NOUVELLE-ÉCOSSE

La capitale est **Halifax.**

NOUVEAU-BRUNSWICK

La capitale est **Fredericton.**

TERRE-NEUVE-ET-LABRADOR

La capitale est **St. John's.**

JEU DE CONCENTRATION SUR LE CANADA

Associe les drapeaux aux provinces et territoires du Canada.

COLOMBIE-BRITANNIQUE

La capitale est **Victoria.**

ALBERTA

La capitale est **Edmonton.**

SASKATCHEWAN

La capitale est **Regina.**

Associe les drapeaux aux provinces et territoires du Canada.

ÎLE-DU-PRINCE-ÉDOUARD

La capitale est **Charlottetown.**

NUNAVUT

La capitale est **Iqaluit.**

YUKON

La capitale est **Whitehorse.**

Associe les drapeaux aux provinces et territoires du Canada.

TERRITOIRES DU NORD-OUEST

La capitale est **Yellowknife.**

CANADA

La capitale est **Ottawa.**

DES MOTS CACHÉS

SUJET : _____

Cache des mots dans la grille, puis demande à tes camarades de les trouver.

LISTE DE MOTS

UNE CARTE POSTALE

Écris une carte postale à une amie ou un ami.

Devant de la carte postale :

Verso de la carte postale :

Destinataire :

JE PARS EN VOYAGE

Imagine qu'une agente de voyage a organisé un voyage pour toi dans une province ou un territoire du Canada.

Conçois la trousse de voyage qu'elle t'a remise et qui comprend :

- la route que tu dois suivre à partir de chez toi;

- un itinéraire qui indique les endroits que tu vas visiter;

- un paragraphe expliquant pourquoi tu te rends à la destination choisie;

- des conseils pour le voyage.

Un voyage en train

Consulte les horaires des trains de VIA Rail sur www.viarail.ca afin de planifier un voyage en train vers une destination canadienne de ton choix.

Réfléchis bien :

Choisis une destination sur un autre continent, puis prépare un itinéraire et une trousse de voyage pour cette destination.

Chalkboard Publishing © 2011

UNE BROCHURE BRILLANTE

Une *brochure* est un petit livret contenant de l'information. Choisis un sujet pour ta brochure. Ce pourrait être un sujet que tu es en train d'étudier à l'école ou un sujet qui t'intéresse beaucoup.

ÉTAPE 1 : Préparation de la brochure

ÉTAPE	COMPLÉTÉE
1. Plie une feuille de papier de la façon dont ta brochure sera pliée.	
2. • Avant d'écrire l'information, fais un plan au crayon à mine. • Écris le titre de chaque section à l'endroit où elle se trouvera dans la brochure. • Laisse de l'espace dessous pour écrire l'information. • Laisse aussi de l'espace pour les dessins.	

ÉTAPE 2 : Écris ton brouillon

ÉTAPE	COMPLÉTÉE
1. Cherche l'information dont tu as besoin pour chaque section de ta brochure.	
2. Relis ton brouillon, puis ajoute, efface ou change des mots pour l'améliorer.	

ÉTAPE 3 : Fais une révision finale

☐ J'ai vérifié l'orthographe.　　　☐ Ma brochure est propre et bien organisée.

☐ J'ai vérifié la ponctuation.　　　☐ J'ai ajouté des dessins.

☐ Mes phrases sont claires.　　　☐ Ma brochure est attrayante.

CONÇOIS UN MAGAZINE

Voici une liste de vérification pour t'aider à concevoir un magazine de haute qualité.

Couverture

- [ ] Le titre du magazine est bien en vue et facile à lire.
- [ ] Il y a une illustration attrayante qui indique le thème du magazine.
- [ ] Il y a un ou deux grands titres qui donnent un aperçu des articles à l'intérieur.

Page de la rédactrice ou du rédacteur en chef

- [ ] La lettre est adressée aux lectrices et lecteurs.
- [ ] La lettre leur explique pourquoi il est important qu'ils lisent ton magazine.

Table des matières

- [ ] Il y a une liste complète des articles du magazine.

Publicités

- [ ] Le magazine contient plusieurs publicités conçues par des élèves.

Articles du magazine

- [ ] _____
- [ ] _____
- [ ] _____
- [ ] _____
- [ ] _____
- [ ] Point de vue

Attrait visuel

- [ ] Le magazine contient des images colorées et dessinées à la main, ainsi que des diagrammes avec étiquettes.

Idées d'articles et de chroniques à inclure dans ton magazine :

- courrier du cœur
- entrevue
- biographie d'une personne connue dans ta collectivité
- sondage et résultats

LISTE DE VÉRIFICATION POUR LES ARTICLES DE MAGAZINE

Voici les éléments d'un article :

- le TITRE indique le sujet de l'article;

- la SIGNATURE indique le nom de l'auteure ou auteur (toi);

- le DÉBUT donne l'idée principale;

- le MILIEU fournit des détails à l'appui de l'idée principale;

- la FIN donne habituellement aux lectrices et lecteurs une idée à se rappeler.

Liste de vérification :

CONTENU

☐ J'ai mis un TITRE qui indique le sujet de l'article.

☐ J'ai mis la SIGNATURE qui indique mon nom comme auteure ou auteur.

☐ J'ai un DÉBUT qui donne les faits importants.

☐ J'ai un MILIEU qui fournit des détails sur les faits.

☐ J'ai une FIN qui donne aux lectrices et lecteurs une idée à se rappeler.

GRAMMAIRE ET STYLE

☐ J'ai utilisé ma plus belle écriture et écrit un titre clair.

☐ J'ai ajouté une image colorée pour appuyer mon article.

☐ J'ai bien épelé mes mots.

☐ J'ai utilisé des mots intéressants.

☐ J'ai vérifié les majuscules, les points finals, les virgules et les points d'interrogation.

GRILLE D'ÉVALUATION DU MAGAZINE

Membres du groupe : _____

Projet : _____

Critères	Niveau 1	Niveau 2	Niveau 3	Niveau 4
Contenu / Information • information • exactitude • détails à l'appui	• donne peu d'information • donne peu de détails à l'appui	• donne un peu de l'information requise • donne un peu des détails requis	• donne presque toute l'information requise • détails à l'appui exacts et complets	• information détaillée • excellents détails à l'appui
Règles d'écriture • orthographe • grammaire • ponctuation	• fautes d'orthographe et de grammaire dans la version finale • ponctuation irrégulière	• quelques fautes d'orthographe, de grammaire et de ponctuation dans la version finale	• très peu de fautes de grammaire et d'orthographe dans la version finale	• aucune faute de grammaire et de ponctuation dans la version finale
Diagrammes/ Illustrations • appuient l'information • colorés	• les images appuient rarement l'information • incomplètes	• les images appuient en partie l'information • certaines images sont incomplètes	• les images sont complètes et appropriées	• les images sont excellentes et appuient toujours l'information
Présentation générale • propreté • organisation	• un peu propre et organisé	• moyennement propre et organisé	• en général, propre et organisé	• extrêmement propre et organisé

Observations de l'enseignante ou l'enseignant :

_____

_____

_____

_____

CONÇOIS UN MENU DE RESTAURANT

Crée ton propre menu de restaurant! Choisis les mets qui constitueront les spécialités, puis rédige une description de chacun afin de convaincre la clientèle de le commander.

NOM DU RESTAURANT

HORS-D'ŒUVRE

PLAT PRINCIPAL

DESSERT

UN DIAGRAMME DE VENN

SUJET : _____

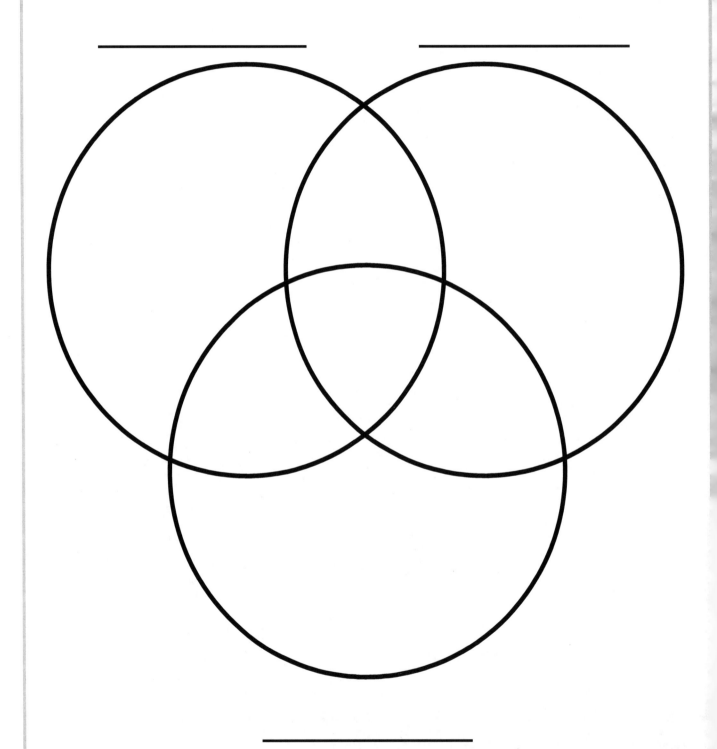

SUJET : _____

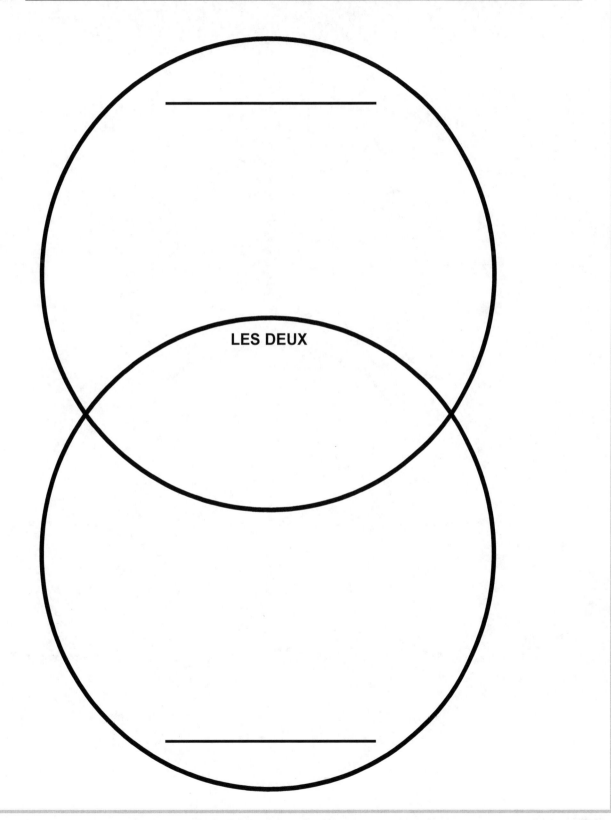

LES DEUX

UNE TOILE D'IDÉES

SUJET : _____

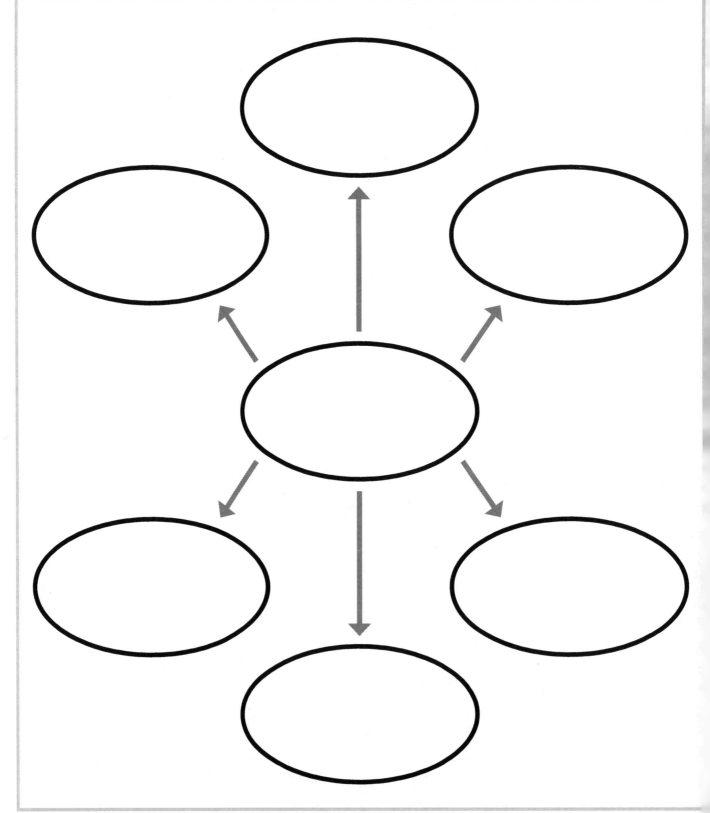

TABLEAU DE COMPARAISON

Information

Comparaison

Information

MÈNE UN SONDAGE

Mène un sondage, puis crée un diagramme montrant les résultats. N'oublie pas d'ajouter des mots autour de la grille pour expliquer ton diagramme.

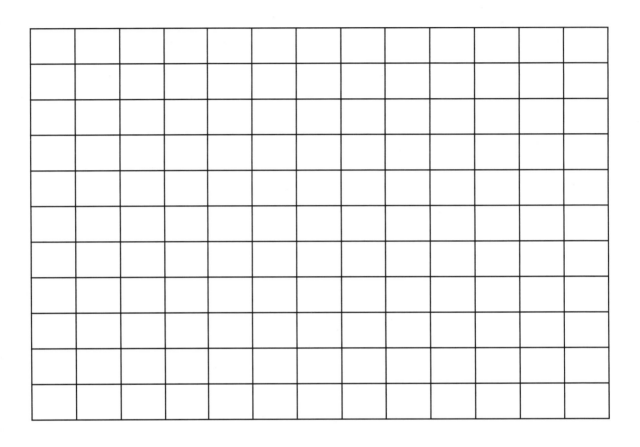

En examinant le diagramme, j'ai appris que :

_____

_____

_____

_____

_____

DESSINE UNE CARTE

Une carte est un dessin d'un endroit. Choisis un endroit et dessines-en la carte. Ensuite, crée une légende montrant des symboles qui vont aider les gens à trouver les lieux importants sur la carte.

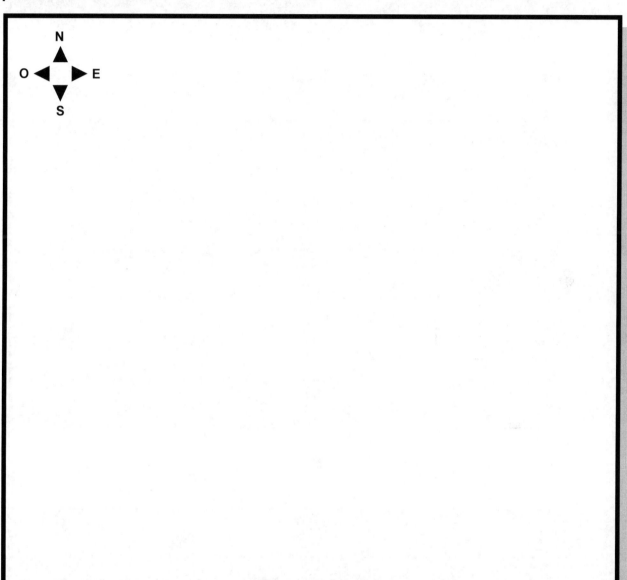

LÉGENDE

Sur une autre feuille, écris un message en te servant de ce code secret.

A	B	C	D	E
#	$	≡	◎	☾
F	**G**	**H**	**I**	**J**
☼	◇	((	△	@
K	**L**	**M**	**N**	**O**
♡	⇧	//	=	●
P	**Q**	**R**	**S**	**T**
Ψ	⊕	⊠	¢	«
U	**V**	**W**	**X**	**Y**
‡	▭	%	^	*
Z				
+				

CRÉE TON PROPRE CODE SECRET

Invente un code secret! Crée un symbole pour chaque lettre de l'alphabet. Ensuite, écris un message en te servant de ton code.

A	B	C	D	E
F	G	H	I	J
K	L	M	N	O
P	Q	R	S	T
U	V	W	X	Y
Z				

CASSE-TÊTE PERSONNEL

Sur le casse-tête, fais le dessin d'une personne, d'un endroit ou d'une chose, puis colorie-le. Ensuite, découpe les morceaux et invite une ou un camarade à reconstituer le casse-tête.

LA FOLIE DES COULEURS

Voici une activité visant à développer la motricité fine. Les élèves doivent colorier des images ou des figures géométriques de différentes façons.

Ils peuvent colorier une image ou de grosses figures géométriques :

- sur une surface telle que du papier sablé pour créer une texture intéressante;

- en appuyant plus ou moins sur leur crayon ou leur pinceau;

- en n'utilisant que des couleurs primaires;

- en n'utilisant que des couleurs secondaires;

- en utilisant diverses nuances de la même couleur;

- avec différentes couleurs de craies, recouvertes ensuite de fixatif;

- avec des pastels;

- avec des couleurs à l'eau;

- en traçant des lignes verticales;

- en traçant des lignes horizontales.

Ils peuvent remplir des parties d'une image ou d'une figure géométrique :

- avec de la pâte à modeler de diverses couleurs;

- avec de petits bouts de papier de bricolage;

- en se servant de diverses techniques;

- avec de la grosse laine de diverses couleurs;

- en faisant différents motifs;

- en appliquant la couleur avec de la ouate.

SUPER DIORAMA

Crée un diorama représentant un passage d'un livre ou quelque chose qui t'intéresse beaucoup.

MATÉRIEL :

- une boîte dans laquelle construire ton diorama, comme une boîte à chaussures ou à pizza
- le matériel nécessaire pour créer un décor
- de la colle
- des crayons de couleur, des marqueurs
- de la peinture et des pinceaux
- de l'eau

CONSIGNES :

1. Sur une autre feuille, dresse une liste des éléments que tu voudrais inclure dans ton diorama, comme des objets, des couleurs, etc.
2. Dessine d'abord le décor.
3. Ensuite, place les plus gros objets, comme des arbres ou des bâtiments.
4. Les petits objets doivent être placés plus à l'avant. Utilise de la colle pour fixer les objets à ta boîte.
5. Sur une autre feuille, rédige un paragraphe qui décrit ton diorama.

Utilise ces bouts de papier pour ajouter des personnages ou des objets à ton diorama.

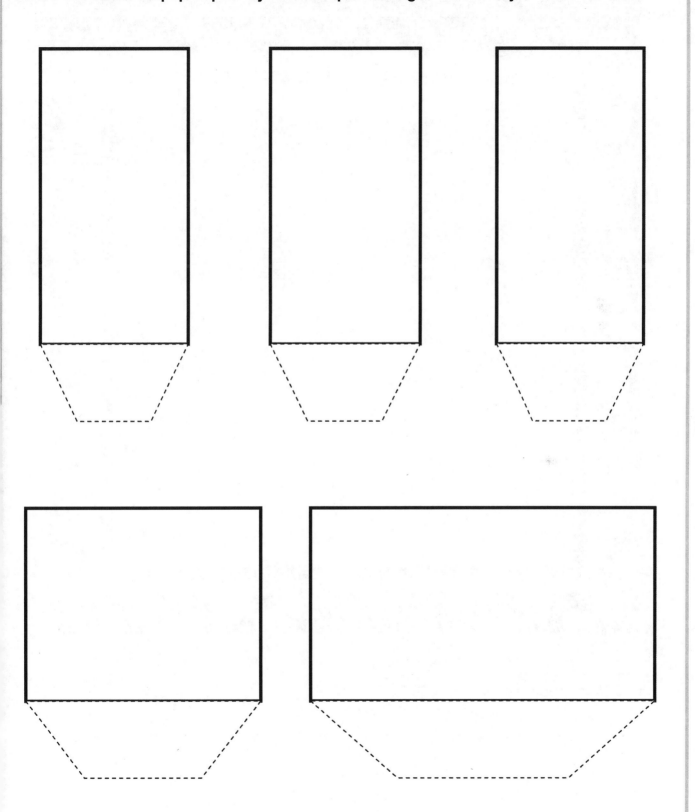

CONÇOIS UN TIMBRE-POSTE

Décris ton timbre :

_____

_____

DESSINS DIRIGÉS

Cette activité démontre que l'art est une interprétation personnelle d'idées. Les élèves se rendront compte qu'ils peuvent créer des dessins tout différents bien qu'ils suivent les mêmes consignes. Une fois l'activité terminée, vous pourrez afficher leurs dessins pour créer une exposition d'art abstrait basée sur les figures, les couleurs et les lignes.

MATÉRIEL :

• une feuille de papier carrée pour chaque élève
• des crayons de couleur ou des craies de cire

CE QU'IL FAUT FAIRE :

1. Invitez les élèves à suivre vos consignes pour créer leur chef-d'œuvre.

2. Faites d'abord un sondage. Demandez aux élèves si, selon eux, leurs dessins seront pareils ou différents s'ils suivent les mêmes consignes.

3. Ensuite, donnez des consignes comme celles-ci :

   • Tracez une ligne fine en travers de la feuille.

   • Tracez une ligne épaisse en travers de la feuille.

   • Tracez un cercle n'importe où sur la feuille.

   • Tracez un triangle n'importe où sur la feuille.

   • Toute consigne qui utilise le vocabulaire de l'art.

4. Après que vous avez donné toutes vos consignes, demandez aux élèves de comparer leur dessin à celui d'une ou d'un camarade et d'en relever les ressemblances et les différences.

5. Affichez les dessins des élèves.

 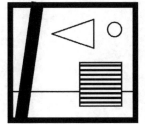 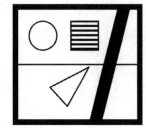 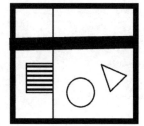

CRÉE UN PERSONNAGE RIGOLO

Sers-toi de ces diverses parties du corps pour créer un personnage rigolo.

NEZ

YEUX

OREILLES

CRÉE UN PERSONNAGE RIGOLO

CHEVEUX

BOUCHE

UN ANIMAL EXTRAORDINAIRE

Utilise ces parties d'animaux pour créer un tout nouvel animal.

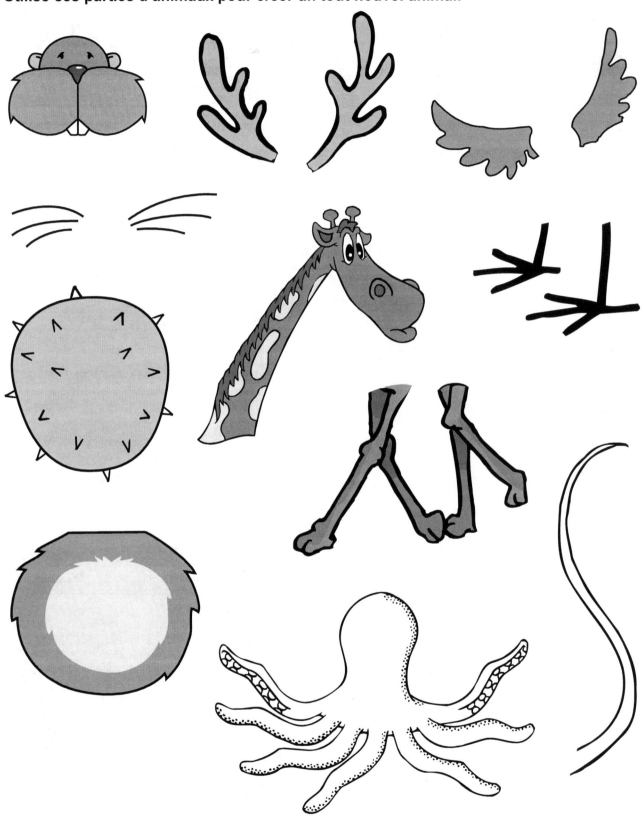

UN ANIMAL EXTRAORDINAIRE

Conçois tes propres armoiries.

CONÇOIS UN SIGNET

Fais un dessin sur chaque partie, puis découpe les deux parties et colle-les dos à dos!

CONÇOIS UN BILLET DE 100 $

Crée ton propre billet de 100 $.

 Le véritable billet de 100 $ ressemble à ceci.

100

BANK OF CANADA • BANQUE DU CANADA

CANADA
CENT • ONE HUNDRED
DOLLARS

100

Décris ton billet de 100 $:

_____

_____

_____

_____

CONÇOIS UNE PIÈCE DE 1 $

Crée ta propre pièce de 1 $.

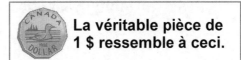 **La véritable pièce de 1 $ ressemble à ceci.**

Certaines personnes appellent « huard » la pièce canadienne de 1 $. Quel nom vas-tu donner à ta pièce de 1 $? Pourquoi?

_____

_____

AFFICHE PUBLICITAIRE

Conçois une affiche qui informe le public d'un événement ou qui lui présente un produit.
Sur ton affiche, tu dois :

- mettre de l'information au sujet de l'événement ou du produit;
- dessiner une illustration attrayante.

CASSE-TÊTE GÉANT

Créez tous ensemble un casse-tête géant! Remettez à chaque élève un morceau de casse-tête à remplir pour ajouter au casse-tête géant de la classe. Quelques idées pour remplir les morceaux :

- des dessins tous reliés à un même thème pour toute la classe;
- des comptes rendus d'une recherche faite sur un même sujet;
- des poèmes qui seront ensuite rassemblés en une anthologie.

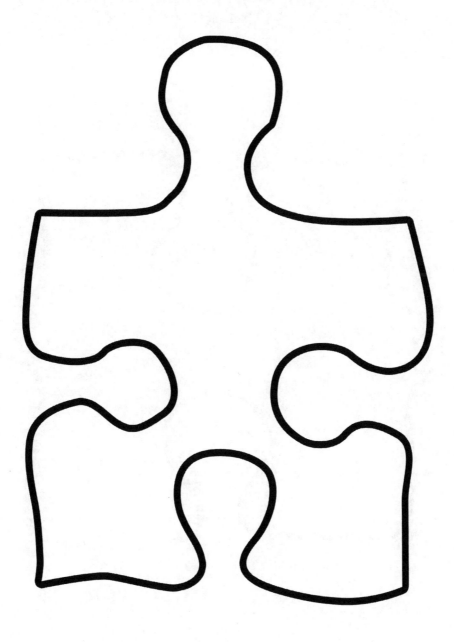

FEUILLET À VOLETS

Plie d'abord la feuille le long de la ligne pointillée. Ensuite, découpe la partie supérieure le long des lignes continues. Quelques idées pour ton feuillet à volets : écris des devinettes ou des questions sur la partie du dessus, puis écris les réponses sous les volets.

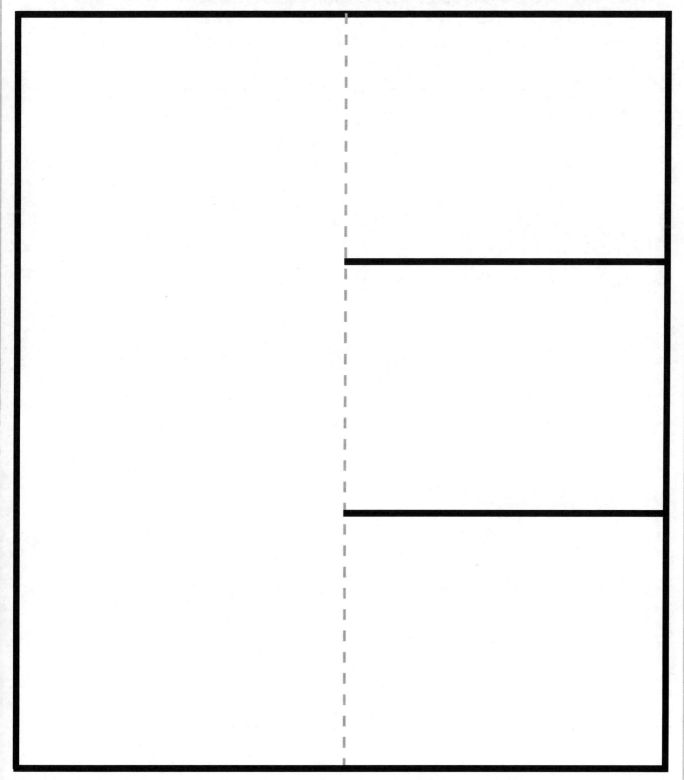

TANGRAMS

Un tangram est un casse-tête chinois composé de sept figures géométriques. L'objectif est de constituer une silhouette particulière à partir de ces sept figures.

1. Découpe avec soin les figures du tangram ci-dessous.

2. Sers-toi des figures pour former un animal, une personne ou une chose. Tu dois utiliser toutes les figures, et celles-ci ne doivent pas se chevaucher.

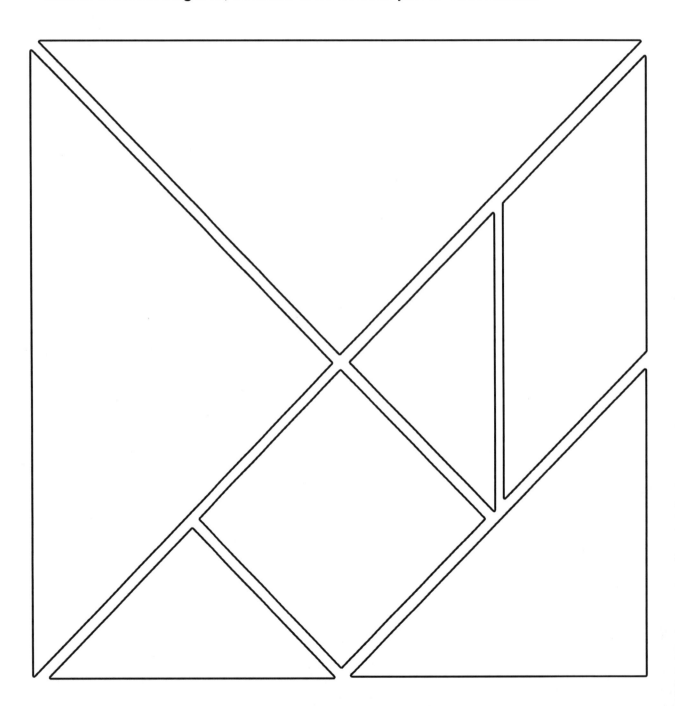

DÉFI TANGRAM

Combien de ces silhouettes d'animaux peux-tu reconstituer avec tes figures de tangram?

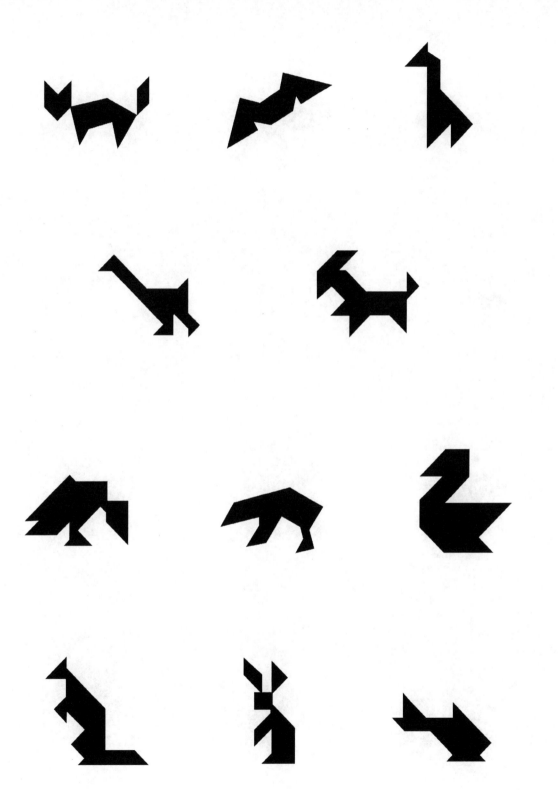

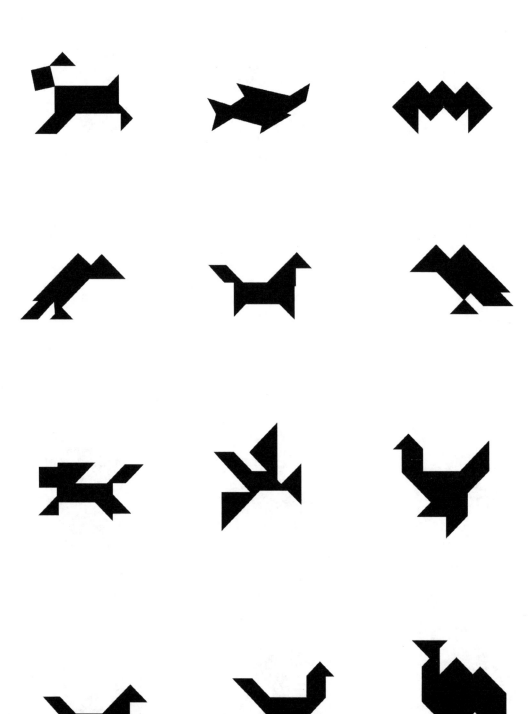

IMAGINE TA MAISON DE RÊVE

Imagine ta maison de rêve, puis dessine-la. N'oublie aucun détail!

Rédige un court paragraphe pour décrire ta maison de rêve.

_____

_____

_____

_____

_____

_____

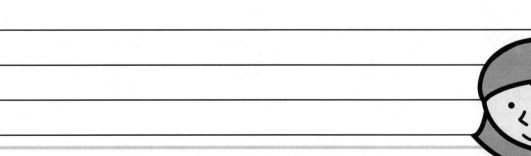

FAIS UN PORTRAIT

Fais le portrait d'une amie ou d'un ami.

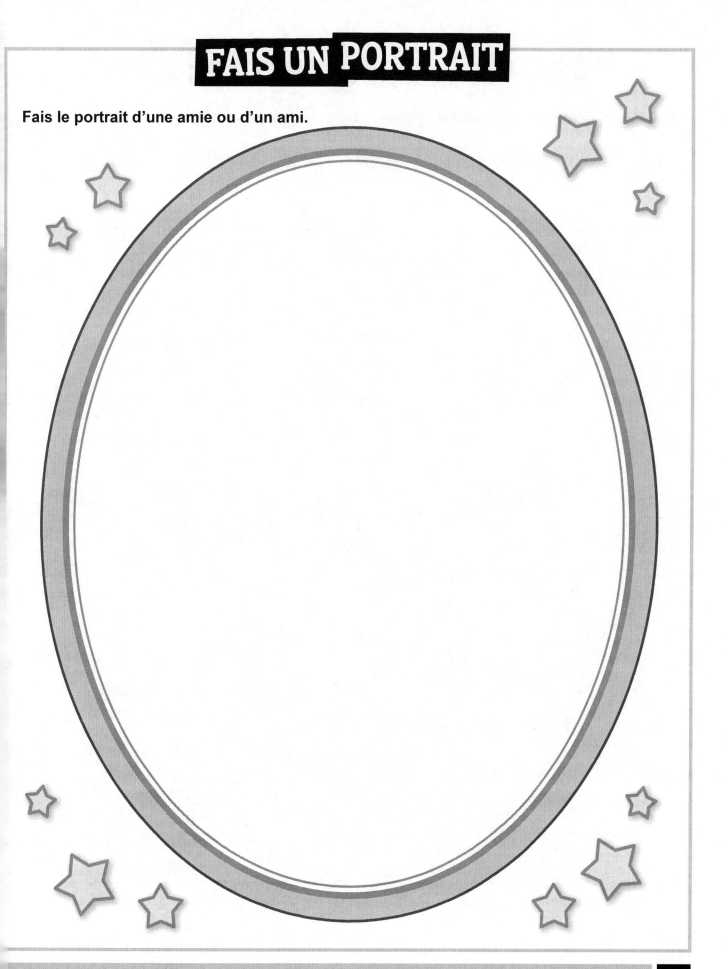

LES ARMOIRIES DU CANADA

Colorie les armoiries du Canada.

JOUONS AUX DAMES!

Découpez les jetons, puis utilisez ce plateau de jeu pour une partie de dames.

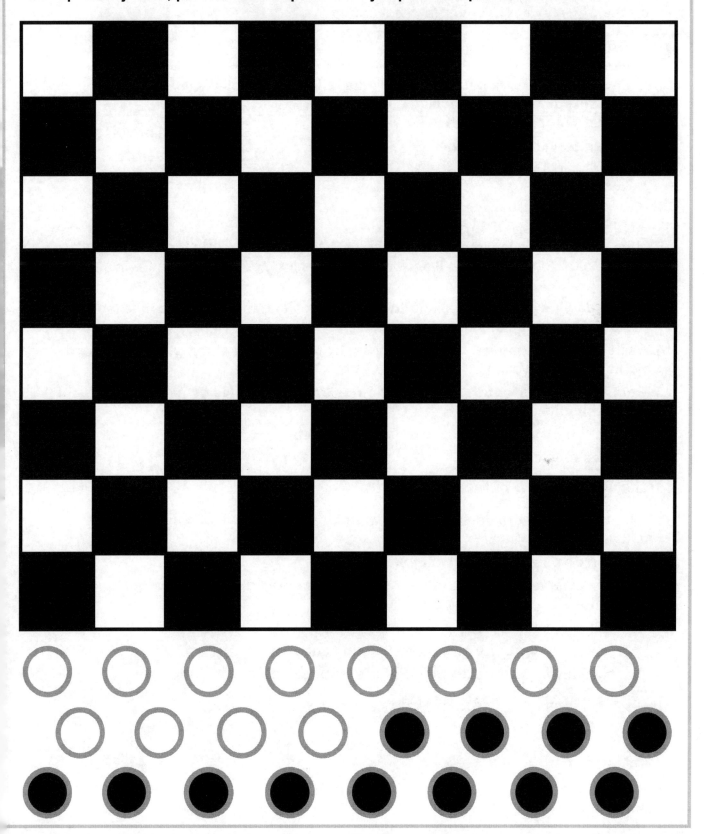

CONÇOIS UN JEU DE SOCIÉTÉ

Conçois ton propre jeu de société! Le thème de ton jeu peut être un sujet que tu étudies en classe ou un sujet qui t'intéresse beaucoup.

MATÉRIEL :

- une base pour le jeu de société, telle qu'une feuille de papier de bricolage, une boîte à pizza propre ou une chemise de carton
- des crayons de couleur
- des ciseaux
- de la colle
- du papier de bricolage
- 2 cubes numérotés

CONSIGNES :

1. Choisis un thème pour ton jeu.
2. Crée un trajet que les jetons devront suivre. Il pourrait avoir la forme d'un U, d'un L, d'un carré ou d'un ovale. Il devrait être assez long pour comprendre au moins 50 cases.
3. Ajoute de plus grosses cases où tu placeras des cartes à tirer. Découpe les cartes dans du papier cartonné épais.
4. Essaie toi-même ton jeu pour voir s'il est trop difficile ou si ton plateau contient suffisamment de cases.
5. Pour les jetons, découpe de petites figures dans une feuille de papier ou sers-toi d'autres petits objets.
6. Décore ton plateau de jeu avec de beaux dessins.
7. Écris les règles de ton jeu.

Réfléchis aux RÈGLES DU JEU :

- Comment les joueurs déplacent-ils leurs jetons? Y a-t-il une pénalité pour une mauvaise réponse?
- Combien de personnes peuvent jouer?
- De quoi se servent les joueurs pour se déplacer sur le plateau? Voici quelques suggestions :
  - ils lancent les dés;
  - ils tirent une carte et répondent à une question;
  - ils suivent les directives indiquées dans des cases.

IDÉES DE QUESTIONS POUR LES CARTES

- maths
- vrai ou faux
- mots à épeler
- choix multiple

Chalkboard Publishing © 2011

CASES DU PLATEAU DE JEU

Découpe ces cases et utilise-les pour ton plateau de jeu.

Retourne à la case départ.	Avance de deux cases.				Avance d'une case.	
			Recule de deux cases.			
Retourne à la case départ.	Avance de deux cases.				Recule d'une case.	Passe ton tour.
	Lance encore les dés!		Passe ton tour.	DÉPART	FIN	
Retourne à la case départ.	Recule de deux cases.					Passe ton tour.
			Passe ton tour.		Avance de quatre cases.	
Retourne à la case départ.	Avance de deux cases.			Lance encore les dés!	Passe ton tour.	
		Recule de deux cases.			Recule de deux cases.	

CARTES POUR LE JEU DE SOCIÉTÉ

Écris des questions sur les cartes pour ton jeu de société. Les joueurs devront y répondre pour faire avancer leurs jetons.

CONÇOIS DES CARTES DE JEU

Fais une recherche pour trouver des faits intéressants sur chaque province et territoire du Canada. Écris les faits sur les cartes ci-dessous. Ajoute-les aux cartes utilisées pour le jeu de Concentration sur le Canada.

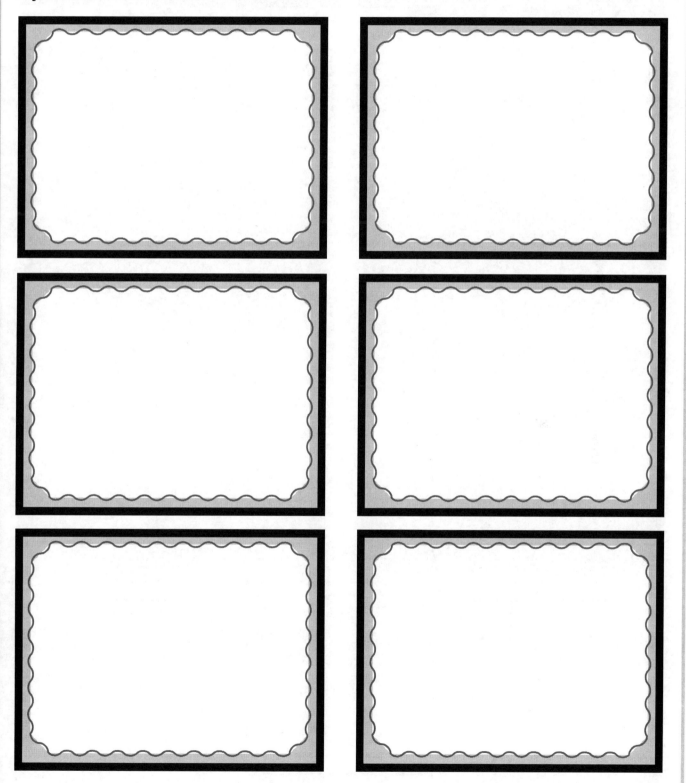

Sur chaque côté du cube ci-dessous, écris de l'information sur un sujet à l'étude.

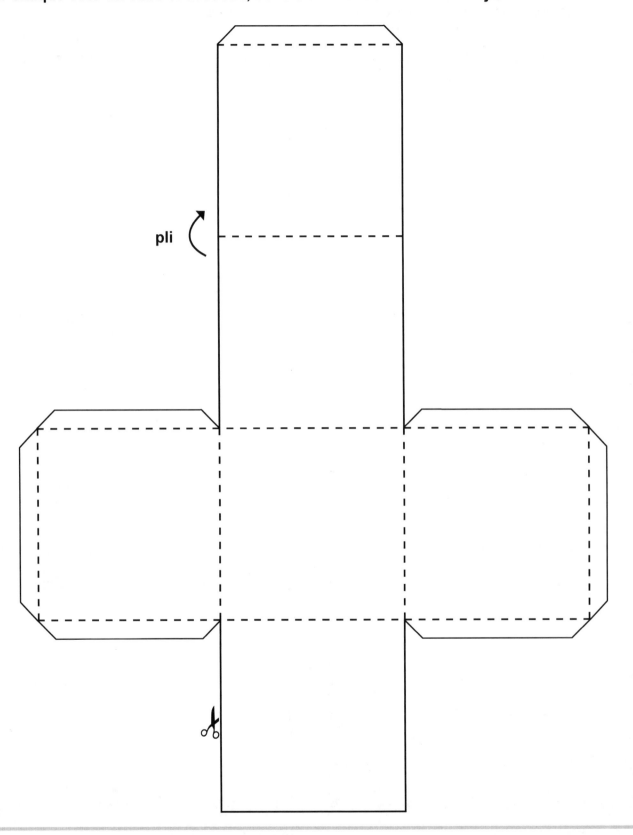

pli

AUTRES IDÉES D'ACTIVITÉS PASSE-TEMPS

1. Le poème du jour

Invitez les élèves à constituer une anthologie de leurs poèmes préférés. Ils peuvent transcrire les poèmes dans un cahier, puis les illustrer. Il s'agit là pour eux d'une bonne occasion de s'exercer à écrire. Si vous avez du temps libre pendant la journée, vous pouvez demander aux élèves de lire, à tour de rôle, un de leurs poèmes préférés.

2. Exercice physique quotidien

Consacrez quelques minutes chaque jour à faire ensemble de l'exercice physique. Vous pouvez faire des exercices d'étirement, par exemple, ou défier les élèves de faire le plus de sautillements sur place ou de pompes possible en une minute. Les élèves aiment bien aussi la danse aérobique.

3. Nettoyage de la classe

Défiez les élèves de ramasser, de replacer ou de ranger 100 objets dans la classe en 100 secondes.

4. Jeu du téléphone

Un jeu très amusant dont les élèves ne se lassent jamais. Chaque élève chuchote à la personne suivante une phrase qui lui a été chuchotée par la personne précédente. À mesure que le message circule, des erreurs de compréhension se produisent qui font que le message entendu par la dernière personne est complètement différent du message original.

5. Mots inventés

Lire des mots inventés faciles à prononcer est une excellente façon pour les élèves d'améliorer leurs habiletés de décodage. Créez des mots contenant une variété de sons. Exemple : claphénomologicalide.

6. Jeux de société

Mettez à la disposition des élèves une variété de jeux de société tels qu'un jeu d'échecs ou de Monopoly. Ou encore défiez-les de créer leur propre version de leur jeu de société préféré en se servant des feuilles reproductibles dans le présent cahier.

7. Liste des 10 meilleurs

Dressez tous ensemble une liste des 10 meilleurs films, personnes, chansons, etc.

8. Problèmes de mathématiques

Invitez les élèves à concevoir des problèmes de mathématiques reliés aux notions à l'étude. Ils les écriront sur des fiches, au verso desquelles ils indiqueront la solution.

AUTRES IDÉES D'ACTIVITÉS PASSE-TEMPS

9. Le jeu du dictionnaire

Ce jeu amusant permettra aux élèves d'enrichir leur vocabulaire. Donnez-leur un mot et demandez-leur d'en trouver le plus vite possible la signification dans le dictionnaire. Ils devront ensuite utiliser le mot dans une phrase. Les mots que vous donnez pourraient, par exemple, provenir d'un glossaire relié à un sujet particulier.

10. Blague ou devinette de la journée

Ayez sous la main plusieurs livres de blagues ou de devinettes à lire à vos élèves.

11. Association de titres et de reportages

Défiez les élèves d'associer des titres à des reportages. Ayez sous la main de nombreux reportages d'un quotidien. Découpez-en les titres. Faites cinq copies de chaque reportage et de son titre, de façon qu'il y ait cinq paires identiques. Invitez les élèves à former de petits groupes qui tenteront d'associer le plus de titres et de reportages possible. Le groupe qui réussit à associer tous ses titres et reportages gagne la partie.

12. Défi de l'alphabet

Défiez les élèves de trouver un nom propre commençant par chaque lettre de l'alphabet. Vous pourriez aussi leur demander de trouver des verbes, des aliments, des villes ou des prénoms pour chaque lettre.

13. Des animaux extraordinaires

Invitez les élèves à créer de nouveaux animaux à partir de leurs propres idées ou en se servant des feuilles du présent cahier où figurent diverses parties d'animaux. Une élève pourrait choisir, par exemple, de combiner les oreilles d'un lapin, le cou d'une girafe, le corps d'un chien et la queue d'un lion! Encouragez les élèves à donner un nom à leur animal, à décrire son habitat et à fournir des faits intéressants à son sujet.

14. Un commerce dans la classe

Un commerce dans la classe est une excellente façon pour les élèves plus vieux d'améliorer leurs compétences mathématiques (addition, soustraction, décimales, multiplication, division) dans le contexte d'un « monde réel ». Demandez-leur d'apporter en classe des contenants de produits vides, des menus ou des cahiers publicitaires. Placez des étiquettes de prix sur chaque contenant ou image de produit. Nommez des élèves qui vont « acheter » les produits et remettez-leur une somme d'argent. Nommez d'autres élèves qui vont « vendre » les produits. Ceux-ci devront indiquer dans un cahier les produits vendus et la monnaie remise.

AUTRES IDÉES D'ACTIVITÉS PASSE-TEMPS

15. Casse-tête analogiques

Défiez les élèves de créer des casse-tête analogiques que leurs camarades pourront résoudre dans leur temps libre. Les analogies constituent un outil très efficace pour faire réfléchir les élèves. Écrivez au tableau des exemples d'analogies auxquelles il manque une partie que les élèves devront trouver. Exemple : Le caniche est aux chiens ce que le cardinal est aux_____. Invitez les élèves à trouver la réponse et à expliquer comment ils l'ont trouvée. Une fois qu'ils comprennent le fonctionnement de l'exercice, invitez-les à créer leurs propres analogies.

16. Course maths

Aidez les élèves à perfectionner leurs compétences mathématiques en les invitant, par exemple, à indiquer des multiples de nombres ou des nombres ayant des caractéristiques particulières, ou encore à trouver les nombres manquants dans une suite, tout cela en une minute. La compétition peut se faire au tableau entre deux élèves.

17. Le jeu du pendu

Ce jeu est très populaire auprès des élèves. Pour rendre le jeu plus intéressant, servez-vous de mots reliés à un sujet ou une période en particulier, ou de noms de Canadiennes ou Canadiens célèbres. Les mots pourraient être reliés au Canada, par exemple, et comprendre des provinces ou des territoires, ou encore des lieux touristiques reconnus.

18. La multiplication... et plus encore

Choisissez un nombre entre 2 et 9. Ce sera le nombre « bing ». Une ou un élève commence le jeu en disant « 1 ». L'élève qui suit dit « 2 » et ainsi de suite jusqu'au nombre « bing » ou un multiple du nombre « bing », pour lequel l'élève dont c'est le tour doit plutôt dire « BING ». Si l'élève ne dit pas « BING » au bon moment, il doit se retirer. Continuez le jeu jusqu'à ce que ayez atteint le dernier multiple du nombre « bing » multiplié par 9. Passez à un autre nombre « bing ». Jouez jusqu'à ce qu'il reste une seule personne.

19. Récit d'événements de la vie personnelle

Invitez les élèves à raconter des événements de leur vie personnelle.

20. Journal d'apprentissage

Encouragez les élèves à tenir un journal d'apprentissage qu'ils rempliront à temps perdu. Cette activité ne sert pas uniquement à faire passer le temps; elle vous permet aussi d'avoir un aperçu de ce que les élèves ont appris ou de ce à quoi ils pensent. Le journal d'apprentissage peut comprendre :

- des messages de l'enseignante ou l'enseignant,
- des réflexions de l'élève,
- des questions que l'élève se pose,
- des liens que l'élève a réussi à faire,
- des diagrammes et images avec étiquettes.

SUPER!

Ce prix est attribué à :

_____

QUEL BON TRAVAIL! CONTINUE!

Ce prix est attribué à : _____